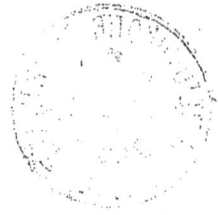

Faire decisif Pour ... Procès entre ... ?
Declard Derboir Laveuve Coche a laveuve
Lamaniue es ses Creancieres.

1° Que par l'acte de societé es veuues Cocher ct
Lamaniue Seulles interessés, par consequent les
Declard Comptable egallement envers Les deux
associées.

2° Par la societé on fait un Equiuoque Puisque
Laveuue Lamaniue doit Compter a laveuue Coche
D'ou on conclut que lesd Declard ne doit Compter qu'a
Laveuue Lamaniue ou a ses Creancicrs.

Laveuue Lamaniue ne doit Compter a laveuue
Coche que de la charge du vaisseau des frais pour
porter les marchandises et pour le retour du vaisseau
C'est pourquoy il est porté par l'acte de societé que
laveuue Lamaniue Comptera a laveuue Coche
apres le retour Du vaisseau le heros ce qui exclut le
Compte de la negociation des marchandises quy
ne pouuoit etre faite au retour du vaisseau qui
etoit un vaisseau du Roy qui auoit ordre

de Retourner a la Rochelle selon que les march.andis
Seroient dechargés, il a falu depuis son depart plus
d'un an pour la negociation et Recevoir des ordres
de france.

Ainsy suivant le traité de Société Les.ta Sellane
devoir Egallement Compter de sa Negociation aux deu
associés.

3.º Le Sr. Coche a fait assigner a l'amirauté de la
Rochelle Le Sr. Camanure et Les.ta Sellane pour rendre
chacun L.t Compte pour ce qui les Concernoit, Led.t
Camanure a Reconnu Volontairement la Competance
de l'amirauté de la Rochelle en fournissant de defse
au fond ce qui la rend non recevable aussy bien que
Ses Creanciers a demander Le denuoy a Quebec.

4.º La procedure faite a Quebec ne peut nuir a la ve.
Coche qui ny estoit point partie Elle ne peut luy
oter Le droit de plaider a la Rochelle.

5.º La Sentence rendue par deffaut a l'amirauté
de Quebec est au proffit de 14 particuliers qui
se disoient Interessés dans L'armement.

6.º Ils ne sont point partyes dans la Société, Les.ta Sella

na point esté par eux Commis il ne l? doit aucun
Compte ces 14. Particulier ne sont point partyes
dans le Reglement dejuge, Jls ont abandonné
le? procedure. Jamais Jls nont pu justiffier daucun
acte de societé Sous Signature prime ou autrement
ainsy la procedure faite ale? reg.te nepeut nuis
auxdeux Vennes associées Seulles.

L'emprisonnement delaperfonne d'ad.te Declane
ala Rochelle en attentatoire a lauthorité Du Con.el
puisquil en fait auprejudice des Lettres enreglem.t
dejuge portant Suoccame.

Le d.r Declane navoir esté emprisonnée ala
Requeste des 14. Particulier qui auoient Supris vne
Sence pardeffaut aquebec jl a esté emprisonnée
ala Reg.te delave? delamaniue es de fes Creanciers
La Suveance estoit precise Contre lave? lamaniue
pardes Lettres en reglement dejuge Contre laveuue
Delamaniue Les Directeuve des Creanciers nauoient
pas plus dedroit quele? celebrites puis quile
exerceoient Les Droits es actions

A quoy on peut ajouter que les d. Declaré a esté empr...
en nostre d'une Sentence par deffaut qui n'estoit
rendue au proffit de la v. de la nommé ... d'ses
Creanciers

Toutes les partyes qui plaident qui ont suivant dans
le Compte sont domiciliés en france Elles perdroient
ce qui ... apartient plustost que d'aller plaider ...

Dans Toutes les negociations faites dans les Pays
Estrangers entre domiciliés en france dont l'acte
de Societé en passé en france, Les Comptes s'
rendent en france apres le Retour,

Il est mesme porté par l'acte de Societé qu'en cas
de Contestation on se regleroit par des arbitres,
L'avenue Coche et les d. Declaré concluent a estre
renvoyé devant des arbitres le Compte du d. Decla
Sera bientost Rendue ...

Y

MEMOIRE,

POUR Antoine Pascaud, Jean Dalliveau, & Pierre Capdeville, Syndics des Creanciers de Marie-Therese Acard, veuve Lamaigniere, & des Interessez en l'Armement du Vaisseau du Roy le Héros, Intervenans.

CONTRE Marguerite Duclesnay, veuve de Nicolas Coche, Interessée au même Armement.

Theophile-Peclavé Desbois, & Eustache Desguerrois Desroziers, Commis pour la vente des Marchandises.

ET Marie-Therese Acard, veuve Lamaigniere, Negociant à la Rochelle, principale Interessée en l'Armement.

L'INSTANCE a esté introduite au Conseil par des Lettres en Reglement de Juges obtenuës le 8. May 1714. par Desbois & Desroziers, sur le pretexte qu'ils étoient poursuivis en l'Amirauté de Quebec & en celle de la Rochelle, pour la reddition de leur compte; ils n'ont compris dans ces Lettres que la veuve Lamaigniere & la veuve Coche; les interessez en l'Armement n'y sont point dénommez, & c'est ce qui les a obligé de donner leur Requeste d'intervention, attendu l'interest sensible qu'ils ont dans cette affaire, & qu'ils sont Parties dans les poursuites faites dans les Tribunaux de Quebec, & dans les Sentences & Arrests qui y sont intervenus.

Desbois & Desroziers se rapportent au Conseil sur le renvoi dans l'une ou l'autre des Jurisdictions.

La veuve Coche soûtient que la contestation doit être renvoyée en l'Amirauté de la Rochelle.

Tous les autres Interessez en l'Armement demandent, que sans s'arrêter aux Lettres en Reglement de Juges obtenuës par Desbois & Desroziers, dans lesquelles ils seront déclarez non-recevables, il plaise au Conseil ordonner qu'en cas d'appel des Sentences de l'Amirauté de Quebec des 28. Mars & 19. Avril 1714. les Parties procederont au Conseil superieur du même lieu, & condamner Desbois, Desroziers, & la veuve Coche solidairement aux dépens.

Pour établir la justice des conclusions prises par les Armateurs, il ne faut que la simple exposition du fait & des procedures; le Conseil y trouvera une chicanne consommée de la part de Desbois & Desroziers, & un dessein formé de se perpetuer la joüissance des effets de l'Armement; Desbois cache son nom & l'état de ses affaires, il se masque; il prend sous le nom de la veuve Coche un interest de vingt-cinq mille livres dans l'Armement qu'il ne paye point; enfin sous le même nom de la veuve Coche, il forme une Instance en Reglement de Juges, qui est la consommation de ses chicannes & de ses injustices.

FAIT ET PROCEDURES.

La veuve Lamaigniere ayant entrepris en l'année 1712. d'armer le Vaisseau du Roy le Héros pour le commerce des Colonies Françoises de l'Amerique, elle

A

8,445

12.5.3.

paſſa un Traité à ce ſujet avec M. de Beauharnois Intendant de la Marine à Rochefort.

Dans le temps qu'elle travailloit à faire ſon Armement, le ſieur de la Boularderie Officier de Marine, qui devoit ſervir ſur ce Navire, lui propoſa d'y intereſſer le ſieur Deſbois de la Ville de Paris, c'étoit un homme inconnu à la veuve Lamaigniere, & avec lequel elle n'avoit jamais eu de relation, il devoit donner vingt-cinq mille livres comptant ; cependant lorſqu'il fût queſtion de paſſer le Traité, Deſbois ne ſe trouva en état de remettre que des effets pour ſervir de nantiſſement ; l'acte fut paſſé à la Rochelle le 7. Juillet 1712. il contient differentes clauſes, l'on ne rapportera que celles qui ont rapport aux conteſtations des Parties.

Il paroît par cet acte que la veuve Coche, ſous le nom de laquelle Deſbois a jugé à propos de prendre intereſt dans l'Armement, s'y eſt intereſſée pour la ſomme de vingt-cinq mille livres, & la Dame Lamaigniere pour le ſurplus à quelque ſomme qu'il puiſſe monter.

Il eſt dit que le produit qui reviendra des ventes des Marchandiſes, cinquiéme des priſes, fret des Marchandiſes, paſſages & autrement, ſera partagé par les Parties à proportion de leurs intereſts, ſuivant les comptes bons & fideles que la Dame Lamaigniere s'oblige d'en tenir, & qu'elle ſe ſoûmet de rendre aprés le retour du Vaiſſeau à la premiere requiſition qui lui en ſera faite par la Dame Coche, à qui elle remettra avant le départ du Navire de la Rade, autant que la choſe ſera poſſible, un compte de ſon Chargement, & de toutes les dépenſes, & fera bon du fret qu'elle recevra d'avance, les mêmes Parties ſe reſervant la faculté de donner part ſur leurs intereſts à telles perſonnes que bon leur ſemblera, & pour telles ſommes qu'elles jugeront à propos. Ce ſont les termes dans leſquels ces differentes conventions ſont conçûës.

Le même acte porte, que Deſbois s'embarquera ſur le Héros en qualité d'Inſpecteur, & Deſroziers en qualité de Directeur de l'Armement, qu'ils auront la diſpoſition de la Negociation des Marchandiſes, & qu'ils ſeront obligez de ſuivre les ordres particuliers de la Dame de Lamaigniere.

Enfin la veuve Coche prend un terme de dix-huit mois pour payer ſon intereſt, & elle remet à la Dame Lamaigniere differents effets pour lui ſervir de nantiſſement.

Il n'eſt pas difficile de concevoir que la Dame Lamaigniere, qui ne trouvoit aucun ſecours du côté de la veuve Coche pour acquitter les engagemens qu'e le avoit contractez, chercha des aſſociez qui lui fuſſent plus utiles ; elle avoit des correſpondans à Nantes & à Orleans, elle leur propoſa de prendre intereſt dans ſon Armement, ils y conſentirent, & ce ſont ces Negocians qui paroiſſent aujourd'hui ſous le nom de leurs Syndics.

Le Héros partit de la Rochelle dans le mois de Juillet, le projet des Armateurs étoit qu'il iroit d'abord à Quebec, où il vendroit ſa Cargaiſon, qu'il y prendroit des farines & quelques victuailles pour porter à Saint Domingue, où il chargeroit à fret pour la Rochelle ; ce deſſein n'a point eſté executé, non-ſeulement le Navire n'eſt pas allé à Saint Domingue, mais il eſt revenu à la Rochelle ſans rapporter aucuns retours.

Les Intereſſez en l'Armement ayant appris le retour du Héros, ont fait aſſigner la Dame Lamaigniere en l'Amirauté de la Rochelle pour rendre compte, ils y ont même obtenu des Sentences de condamnation par deffaut ; mais ayant eſté informez que tous les effets de l'Armement étoient reſtez à Quebec entre les mains & à la diſpoſition de Deſbois, & que par conſequent ils pourſuivroient inutilement la Dame de Lamaigniere pour en rendre compte, puiſqu'il lui étoit impoſſible de le faire, étant inſtruits d'ailleurs que ce Deſbois, qui avoit maſqué ſon nom, & qui s'appelloit autrefois Peclavé, étoit ſans bien & ſans credit, qu'il avoit fait banqueroute il y avoit plus de trois ans, & qu'il étoit ſorti du Royaume pour éviter les contraintes de ſes creanciers ; ils ont cherché de concert avec la Dame Lamaigniere les moyens les plus prompts & les plus convenables pour mettre leurs effets à couvert, & ils n'en ont point trouvé d'autres que d'envoyer à Quebec une perſonne de confiance pour faire rendre compte à Deſbois & Deſroziers, & retirer le produit de la Cargaiſon.

C'eſt dans cette vûë qu'ils ont paſſé deux actes avec le ſieur Landron les 17. & 25. Avril 1713. par leſquels ils lui ont donné pouvoir de ſe tranſporter à Quebec pour y pourſuivre Deſbois & Desroziers ſur le compte de la Cargaiſon du Héros, s'emparer des effets qu'il trouvera en nature, & ſe faire remettre le produit de ceux qui auront eſté vendus; & pour ſes peines, ſoins, frais & dépenſes, ils lui cedent dix pour cent ſur le recouvrement qu'il fera.

Landron eſt parti de la Rochelle peu de jours après les conventions faites avec lui, & il eſt arrivé à Quebec ſur la fin du mois de Juin.

Le 5. Juillet il a fait ſignifier ſes pouvoirs à Deſbois & Desroziers.

Deſbois qui avoit l'inſpection ſur Desroziers, lequel, ſuivant l'acte du 7. Juillet 1712. lui étoit ſubordonné, remit le 28. Juillet 1713. les comptes au ſieur Landron avec les pieces juſtificatives.

Le 23. Aouſt ſuivant, il fit ſommer le ſieur Landron de lui remettre inceſſamment les pieces qu'il lui avoit communiquées, & de fournir des debats à ſes comptes.

Le 26. du même mois, Landron fit ſignifier à Deſbois un compte ſervant de debats.

Deſbois ayant compris par la ſignification de ce compte que Landron étoit inſtruit de ſes fraudes & de ſes malverſations, ſoit par rapport à la quantité des marchandiſes dont il ſe chargeoit, ſoit à l'égard du prix des ventes, il ne crut pas devoir terminer cette affaire.

Landron qui comprit par les éloignemens de Deſbois qu'il ne penſoit qu'à ſe rendre maître des effets des Armateurs, & qui apprehenda qu'il ne ſe retirât avec ces effets dans les Colonies étrangeres, obtint le 9. Septembre une Ordonnance de M. Begon Intendant de Quebec, qui fit deffenſes à tous Maîtres & Capitaines de Navires d'embarquer Deſbois & Desroziers juſqu'à ce qu'ils euſſent rendu leurs comptes. Cette Ordonnance leur fut ſignifiée le 30. Septembre, & elle leur parut ſi juſte, qu'ils ne crurent pas devoir en interjetter appel.

Le 28. du même mois de Septembre, Landron obtint une autre Ordonnance de M. Begon, qui renvoye les Parties à l'Amirauté de Quebec ſur la reddition des comptes de Deſbois & Desroziers: en conſéquence de ce renvoi, Landron preſente ſa Requeſte à l'Amirauté le premier Octobre, & le lendemain il y fait aſſigner Deſbois & Desroziers pour proceder à la clôture & appurement de leurs comptes, & ſe voir condamner ſolidairement au payement du reliqua.

Le 6. du même mois, Deſbois & Desroziers ſurprirent un congé ſur cette aſſignation.

Le même jour Landron donne ſa Requeſte d'oppoſition, & le lendemain il fait rendre une Sentence qui appointe ſur le compte les Parties à écrire & produire.

Le 10. Octobre la Sentence fut ſignifiée à Deſbois & Desroziers, & dans le même temps, Landron donna ſa Requeſte pour y ſatisfaire.

Au lieu de ſatisfaire à cet appointement, Deſbois fait ſignifier le 14. Octobre au ſieur Landron un acte, par lequel il déclare qu'il ne peut ſatisfaire à la Sentence d'appointement, qu'au préalable il ne lui ait communiqué une procuration en bonne forme, produit les pieces concernant les droits de ceux pour leſquels il veut agir, baillé ſuffiſante caution, & qu'il n'aye eſté fait droit ſur la validité de ſes pouvoirs.

C'eſt la premiere chicanne dont Deſbois s'eſt ſervi; mais pour la faire condamner, il ne falloit que repreſenter la conduite de Deſbois depuis l'arrivée du ſieur Landron: ſur la ſignification qui lui avoit eſté faite le 5. Juillet de la procuration du ſieur Landron, il lui avoit communiqué le 28. du même mois ſes comptes avec les pieces juſtificatives; le 23. Aouſt il l'avoit ſommé d'y fournir de debats: il l'avoit donc reconnu pour partie capable de recevoir ſes comptes, & d'en debattre ou alloüer les articles, il avoit approuvé ſes pouvoirs, la fin de non-recevoir étoit certaine & inſurmontable: d'ailleurs les pouvoirs du ſieur Landron avoient eſté donnez, non-ſeulement par differens Nogocians Intereſſez dans l'Armement qui y ſont dénommez, mais encore par la Dame Lamaigniere, ou du moins par le ſieur de la Poterie, fondé de ſa procuration, laquelle eſt dattée dans le pouvoir donné au ſieur Landron, & reſtée en la poſſeſſion du Notaire qui l'a paſſé: enfin les procurations données au fieur Landron & fa folvabilité avoient efté fi connuës à M. Begon, que par fon Ordonnance du 22. Juillet il avoit donné main-levée des effets faifis fur Desbois au nom de Sa Majefté, à la charge que Landron en demeureroit dépofitaire.

Cependant malgré la juftice de ces moyens, Desbois & Desroziers obtinrent le 26. Octobre une Sentence qui déclare la procuration donnée à Landron de nulle valeur, & les décharge de lui rendre compte.

Landron interjetta appel de cette Sentence au Confeil fuperieur, où il intervint le 30. Octobre un Arreft, qui fur l'appel appointe les Parties à mettre, & le 2. Novembre fuivant un Arreft définitif qui déclare valable la procuration donnée à Landron le 17. Avril précedent, déboute Desroziers de fa demande en Lettres de reftitution, ordonne que Desbois & Desroziers rendront compte folidairement au fieur Landron au nom qu'il procede en l'Amirauté, furfeoit à faire droit aprés le compte fur les demandes en reparation d'injures, & en dommages & interefts.

Cet Arreft ayant efté fignifié le 8. Novembre à Desbois & Desroziers, Desbois fait fignifier le lendemain un acte au fieur Landron, par lequel il lui déclare qu'il n'a jamais refufé de rendre compte, mais qu'il a feulement demandé un pouvoir valable ou une caution, qu'il nomme pour arbitre le fieur Guillemin, & le fomme d'en nommer un de fa part.

C'étoit là une feconde chicanne de Desbois pour fe procurer de nouveaux éloignemens; mais comme l'Arreft du Confeil fuperieur portoit que Desbois & Desroziers rendroient compte en l'Amirauté, Landron fe pourvût au même Tribunal pour en faire ordonner l'execution, & il y obtint le 27. Novembre un fecond Arreft qui condamne Desbois & Desroziers par corps à rendre compte en l'Amirauté dans huitaine du jour de la fignification de l'Arreft.

Desbois preffé de fatisfaire à cet Arreft imagine une troifiéme chicanne, il dit qu'il a communiqué le 28. Juillet fes comptes avec les pieces juftificatives au fieur Landron, & il en demande la reftitution par préalable.

Il intervint fur ce nouvel incident le 2. Janvier 17... un troifiéme Arreft contradictoire; cet Arreft porte que Landron remettra au Greffe les pieces dont il s'agit, pour en être tiré des copies figurées qui feront fignifiées à Desbois & Desroziers, qu'au furplus l'Arreft du 17. Novembre précedent fera executé, ce faifant Desroziers eft tenu de rendre compte conjointement avec Desbois devant le Juge de l'Amirauté dans huitaine, que les vins, eaux de vie, & autres marchandifes reftant en nature, feront remis au fieur Landron pour en procurer la vente par juftice, à ce faire les dépofitaires contraints; il eft fait deffenfes à Desbois & Desroziers de faire plus aucune procedure que conjointement; Desroziers eft condamné à une amende de 24. liv. pour fon manque de refpect, avec deffenfes de recidiver.

En execution de cet Arreft, Desbois & Desroziers prefentent le 9. Février leur Requefte en l'Amirauté de Quebec, fur laquelle ils obtiennent une Ordonnance portant que Landron fera affigné pour voir prefenter & affirmer leur compte, le lendemain l'on dreffe un procés verbal de prefentation & affirmation du compte, & le 15. on le fait fignifier au fieur Landron.

Mais dans le temps même qu'il femble que Desbois & Desroziers veulent compter de bonne foi, ils font une quatriéme chicanne, ils n'affirment point leur compte, ni en perfonne, ni par procuration, ils ne prennent point leurs qualitez d'Infpecteur & de Directeur, ils ne donnent point au fieur Landron celle de Procureur de la Dame Lamaigniere, & de plufieurs Intereffez en l'Armement.

Tous ces deffauts dans la procedure de Desbois & Desroziers obligerent le fieur Landron d'interjetter appel de la prefentation & affirmation de leurs comptes, & il obtint le 19. Février fur cet appel un Arreft qui ordonne que dans huitaine Desbois & Desroziers rendront compte conjointement en l'Amirauté, qu'ils prendront leurs qualitez d'Infpecteur & de Directeur, qu'ils donneront au fieur Landron celle de Procureur de la Dame Lamaigniere, & de plufieurs Intereffez en l'Armement, qu'ils affirmeront leur compte veritable en perfonne ou en vertu

de

leur _compte_ fpecia.e, & qu'i.s le feront fignifier au fieur Landron pour y fournir de debats.

Le Confeil voit que c'eft le quatriéme Arreft qui condamne Desbois & Desroziers à rendre compte en l'Amirauté de Quebec ; en execution de cet Arreft, ils donnent leur Requefte le 2. Mars pour la prefentation & affirmation de leur compte, & le 7. ils le font fignifier au fieur Landron ; mais ce qu'il y a de particulier, c'eft que dans le même temps ils lui font fignifier un compte qu'ils prétendent que la Dame Lamaigniere doit rendre à la veuve Coche : nouvelle chicanne, & qui ne fert qu'à faire connoître que Desbois s'eft fervi du nom de la veuve Coche pour prendre un intereft dans l'Armement, car fi cela n'étoit pas, à quel propos auroit-il fait fignifier ce compte ?

Le 9 Mars Landron fait fignifier fes réponfes au compte de Desbois & de Desroziers, & le 17 il produit toutes les pieces du fond.

Au nombre de ces pieces l'on trouve differens certificats qui prouvent la mauvaife foy de Desbois & de Desroziers dans leurs comptes, foit par rapport à la quantité des marchandifes venduës, foit pour le prix des ventes ; l'on y trouve encore deux Ordonnances de M. Begon, des 18 Aouft & 5 Septembre 1713. qui permettent à Landron de faire faifir la carguaifon de Desroziers venuë fur les Vaiffeaux nouvellement arrivez de France, & les effets appartenans à Desbois, & déclarent les faifies bonnes & valables, attendu que ces marchandifes provenoient des effets de l'Armement dont ces deux Commis s'étoient fervi pour faire leur commerce particulier ; enfin l'on y trouve les pieces que Desbois avoit remifes à Landron, pour juftifier les differens articles de fon compte.

C'eft fur toutes ces pieces & procedures qu'eft intervenu le 28 Mars 1714. une Sentence définitive, qui condamne Desbois & Desroziers folidairement & par corps à payer aux Armateurs la fomme de 104686 liv. 7 fols 11 den. monnoye de Quebec, non compris les farines & bifcuits ; & pour ce qui regarde les faifies faites de la part du fieur Landron, & les dommages & interefts refpectivement prétendus par les Parties, elles font renvoyées à l'execution des Arrefts du Confeil fuperieur des 2 Novembre 1713. & 22 Janvier 1714.

Cette Sentence fut fignifiée le 4 Avril à Desbois & Desroziers ; ils y formerent oppofition, & par une autre Sentence contradictoire du 19 du même mois ils furent deboutez de leur oppofition, & il fut ordonné que la Sentence du 28 Mars precedent feroit executée felon fa forme & teneur.

Aprés avoir épuifé toutes les chicannes dans les Tribunaux de Quebec, voicy quelle a efté la conduite de Desbois & Desroziers en France.

Le 6 Avril 1714. pofterieurement à la Sentence de l'Amirauté de Quebec du 28 Mars précedent, ils fe font affigner à l'Amirauté de la Rochelle fous le nom de la veuve Coche, pour fe voir condamner de lûy rendre compte de la carguaifon du Heros ; & le 8 May fuivant ils obtiennent fous leurs noms des Lettres en Reglement de Juges, fur le prétexte qu'ils étoient pourfuivis en l'Amirauté de Quebec, & en celle de la Rochelle pour la reddition de leurs comptes.

Il ne faut qu'une fimple attention aux circonftances de ces dernieres procedures, pour eftre convaincu que la veuve Coche & Desbois n'ont qu'un feul & même intereft ; en effet la veuve Coche, qui fçavoit que Desbois & Desroziers étoient à Quebec, les fait affigner à Paris ; & Desbois & Desroziers, qui dans le temps de cette affignation étoient à Quebec, & qui ne pouvoient en avoir aucune connoiffance, obtiennent pourtant fur ce fondement des Lettres en Reglement de Juges : c'eft cette collufion évidente entre les Parties qui a déterminé les Armateurs à conclure à une condamnation folidaire de dépens.

Il a déja efté obfervé que l'on n'a compris dans les Lettres en Reglement de Juges, que la veuve Coche & la veuve Lamaigniere.

Les Intereffez en l'Armement ayant appris que Desbois étoit paffé en France & arrivé à la Rochelle, ils l'ont fait emprifonner en vertu des Sentences de l'Amirauté de Quebec, des 28 Mars & 19 Avril 1714. aprés avoir mafqué fon nom, il avoit cru devoir auffi mafquer fa perfonne ; on le trouva habillé comme les Efpagnols des Colonies, il avoit un Chapeau blanc & des fouliers de la même couleur.

B

Desbois, qui avoit furpris fous le nom de quelques-uns de fes creanciers un Arreft qui luy accordoit un fauf-conduit d'un an, & qui n'avoit point fait fignifier
cet Arreft aux Armateurs, parce qu'il prévoyoit bien qu'il leur feroit facile d'en
faire connoiftre la furprife & de le faire rétracter, s'eft pourvû au Confeil d'Etat,
& fur le fondement de ce premier Arreft, il en a obtenu un fecond le 22 Decembre fuivant, qui ordonne qu'il fera élargi : c'eft en confequence de cet Arreft qu'il
a obtenu fa liberté.

Aprés ce premier fuccés qui eft l'effet de la continuation de fes furprifes, il a
formé une nouvelle entreprife ; il s'eft imaginé qu'il pouvoit demander des dommages & interefts au fujet de fon emprifonnement, fur le prétexte qu'il a été fait
au préjudice des défenfes portées par les Lettres en Reglement de Juges ; fur
ce fondement il a donné une Requefte, par laquelle il a conclu à ce que fon
emprifonnement fait à la requefte des Sieurs Pafcaud, Dalliveau & Capdeville fût
declaré nul, que l'écrouë foit rayé & biffé, & qu'ils foient condamnez folidairement avec la Dame Lamaigniere à l'amende de 1500 liv. portée par les Lettres
en Reglement de Juges, & en 6000 liv. de dommages & interefts : cette demande a été jointe à l'Inftance.

De l'expofition qui vient d'eftre faite il réfulte qu'il y a deux queftions à juger ;
l'une generale concernant le Reglement de Juges : l'autre particuliere au fujet de
la demande de Desbois en dommages & interefts. Les Armateurs foûtiennent que
fur l'une & l'autre demande la veuve Coche, Desbois & Desroziers doivent eftre
declarez non-recevables & mal fondez, & condamnez folidairement en tous les
dépens.

MOYENS DES ARMATEURS.

Dans le temps que le Reglement de Juges a été formé, il n'y avoit rien de pen-
dant en l'Amirauté de Quebec ; les Lettres introductives de l'Inftance ont été obtenuës le 8 May 1714. & le compte de Desbois & de Desroziers avoit été jugé
par deux Sentences des 28 Mars & 19 Avril précedent ; ainfi Desbois & Desro-
roziers ont expofé faux dans leurs Lettres en difant, qu'ils étoient pourfuivis
en l'Amirauté de Quebec, & en celle de la Rochelle pour la reddition de leurs
comptes : l'Amirauté de Quebec avoit rempli fon pouvoir, & par confequent il ne
pouvoit point y avoir de conflit avec cette Jurifdiction.

Le Reglement de Juges que l'on a introduit au Confeil, eft la confommation
des chicannes de Desbois & de Desroziers : ils ont été condamnez par quatre Arrefts contradictoires du Confeil fuperieur de Quebec, de rendre compte en l'Amirauté du même lieu ; ils y ont fatisfait, leur compte a été prefenté & affirmé, & il
a été jugé par la Sentence du 28 Mars 1714. ils forment oppofition à cette Sentence, & ils en font deboutez par une feconde Sentence contradictoire du 19 Avril:
aprés cela de quel œil doit-on regarder l'affignation qu'ils fe font fait donner le 6 du
même mois d'Avril à l'Amirauté de la Rochelle fous le nom de la veuve Coche, &
les Lettres en Reglement de Juges qu'ils ont obtenuës le 8 May fuivant ? N'eft-il
pas évident que cette procedure eft un concert & une collufion entre la veuve Coche & eux, & une chicanne qui a peu d'exemples.

En effet, fi la veuve Coche ne prêtoit pas fon nom à Desbois & Desroziers, auroit-elle pris le parti d'empêcher par le conflit qu'elle a formé la reftitution des effets de l'Armement ? Desbois fe feroit-il avifé dans les procedures faites en l'Amirauté de Quebec, de faire fignifier un compte qu'il a prétendu devoir être rendu
à la veuve Coche par la Dame Lamaignere ? La veuve Coche, qui fçavoit que Desbois
& Desroziers étoient à Québec, les auroit-elle fait affigner à Paris pour proceder
en l'Amirauté de la Rochelle ? Enfin, comment Desbois & Desroziers pouvoient-
ils être inftruits le 8 May 1714. qu'ils ont obtenu les Lettres en Reglement de Juges, de cette affignation donnée le 6 Avril ? puifqu'il ne part de Vaiffeau pour Quebec qu'une fois chaque année, dans les mois de May, de Juin ou de Juillet, & qu'ils
ne reviennent que dans les mois de Decembre ou Janvier fuivant : il eft donc évident que Desbois & Desroziers avoient donné ordre à leurs Correfpondans en
France, de faire l'indigne manœuvre que l'on vient d'expofer.

Desbois prétend que l'on ne peut point luy oppofer les procedures faites en l'A-
mirauté de Quebec, parce qu'il a été forcé de reconnoiftre cette Jurifdiction au

moyen de l'ordonnance de M. Begon, du 9 Septembre 1713. qui fait défenfes à tous Capitaines & Maiftres de Vaiffeaux de l'embarquer.

Mais comment peut-il fe fervir d'un pareil moyen, aprés avoir déclaré par fa Requête d'avertiffement, que le Reglement de Juges ne le regarde point; & aprés avoir conclu par cette même Requête & par les Lettres introductives de l'Inftance au renvoy dans l'une ou l'autre des Jurifdictions ? rien ne prouve mieux qu'il a procedé volontairement en l'Amirauté de Quebec, que cette indifference fur le renvoy des conteftations, & l'on voit bien qu'il n'allegue le fait faux de force & de contrainte, que pour favorifer la chicanne qu'il fait aux Armateurs fous le nom de la veuve Coche.

D'ailleurs, comment Desbois & Desroziers ofent-ils dire qu'ils ont été contraints de proceder à Quebec fur la reddition de leur compte ? lorfque l'on voit que le 28 Juillet 1713. ils avoient donné volontairement leurs comptes avec les pieces juftificatives au fieur Landron, & que le 23 Aouft fuivant ils l'ont fommé de fournir fes debats ; ils ont donc reconnu avant l'ordonnance de M. Begon du 9 Septembre, que l'on devoit proceder à Quebec fur la reddition de leur compte.

Enfin, fi l'ordonnance de M. Begon leur étoit auffi prejudiciable qu'ils voudroient le faire penfer, ils avoient la voye ordinaire de l'appel; & quand l'on voit que non feulement ils ne fe font pas fervi de cette voye, mais qu'ils n'ont pas fait même la moindre proteftation contre cetre Ordonnance, que loin de cela ils ont procedé & en l'Amirauté de Quebec & au Confeil fuperieur, qu'ils y ont multiplié les procedures & les chicannes à un point qui merite l'indignation des Juges : N'eft-il pas étonnant de les entendre faire des plaintes fur cette Ordonnance, pour donner quelque couleur au plus déplorable Reglement de Juges qui aye paru depuis longtemps au Confeil ?

Au refte s'il s'agiffoit de juftifier l'Ordonnance de M. Begon, il fuffiroit d'obferver que, foit par rapport à l'intereft que Sa Majefté a dans l'Armement, foit par rapport à celui des Armateurs, il étoit de la fageffe & de la prudence de cet Intendant d'empêcher la fuite & l'évafion de Desbois; l'on a obfervé que ce Commis avoit trompé les Armateurs par le changement de fon nom, qu'il les avoit encore trompé fur l'état de fes affaires & de fa fortune, puifqu'il étoit en banqueroute il y avoit deux ans, lorfqu'il a efté chargé de la Carguaifon du Héros : les Armateurs avoient lieu de craindre qu'étant forti du Royaume pour éviter les contraintes de fes creanciers, il ne fe retirât avec les effets de l'Armement dans les Colonies Etrangeres, & il convenoit certainement à leur intereft de prendre fur cela de juftes mefures, il n'y en avoit point d'autres que d'obtenir des deffenfes aux Capitaines & Maîtres de Vaiffeaux de l'embarquer fur leurs Navires.

Le fait de la banqueroute de Desbois, deux années avant fon départ pour Quebec, eft notoire & public; il eft d'ailleurs prouvé par les Arrefts des 24. Avril & 22. Decembre 1714. qui lui accordent un fauf-conduit, & qu'il a lui-même produits.

A l'égard du changement de nom, il eft certain qu'avant fa negociation avec la Dame Lamaigniere pour s'intereffer dans fon Armement, il s'appelloit feulement Peclavé; il n'a ofé dénier ce fait qu'il feroit facile de juftifier par une infinité de fes fignatures répanduës dans le public, & qu'il a données en qualité de Caiffier du feu fieur Thevenin, & de differents autres traitans; & il eft prouvé par les lettres des fieurs de la Boularderie & de la Poterie, & la notte des Lettres de change tirées fur lui par la Dame Lamaigniere qu'il a produites, & par trois Lettres de change qu'il a acceptées, & qui ont efté produites par la Dame Lamaigniere, qu'il a pris & figné le feul nom de Desbois; ce qui eft un crime de faux qui merite une inftruction extraordinaire & un châtiment.

Pour fe difculper de ce crime, il dit que par la procuration qui lui a efté donnée le 31. May 1712. à Paris par la veuve Coche, & par l'acte paffé en confequence à la Rochelle le 7. Juillet fuivant, il eft nommé Peclavé Desbois; mais il faut dabord rejetter la procuration du 31. May, parce qu'elle n'a paru que dans le temps de la paffation de l'acte du 7. Juillet; & à l'égard de cet acte, comme il a efté paffé fur le point du départ de Desbois pour Quebec, il étoit impoffible que les Armateurs puſſent s'informer à Paris avant le départ de Desbois quel étoit ce Peclavé, qui juſques-là s'étoit caché ſous le nom de Desbois ? enſorte que la ſuppoſition de nom deméure toûjours certaine.

Dans cet état, n'eſt-il pas ſenſible qu'il a eſté du devoir de la Dame de La-maigniere & des autres Armateurs de deſtituer Desbois, & de prendre toutes les précautions poſſibles pour empêcher la perte entiere de leurs effets ; qu'ils ont dû demander à M. Begon des deffenſes aux Capitaines des Vaiſſeaux de l'embarquer avant qu'il eût rendu & appuré ſes comptes, & qu'il a eſté de la juſtice de cet Intendant de l'ordonner ; qu'enfin ſi la veuve Coche étoit veritablement intereſſée dans l'Armement, bien loin de blâmer la conduite des Armateurs, elle loüeroit au contraire leur vigilance & leur attention pour le bien general de la ſocieté ?

Cependant Desbois fait dire à cette veuve que les Armateurs ne peuvent point lui oppoſer les procedures faites en l'Amirauté & au Conſeil ſuperieur de Quebec, parce qu'elle n'y a pas paru ni conſenti ; mais c'eſt une maxime certaine en fait de ſocieté & d'Armement, que ce qui a eſté fait par la plus conſiderable partie des Intereſſez doit être regardé comme fait par tous les Aſſociez & les Intereſſez : or l'on ne peut pas douter dans le fait que les Intereſſez qui ont obtenu les Senten-ces contre Desbois & Desroziers en l'Amirauté de Quebec ne compoſent la plus grande partie de l'Armement, puiſque le fond & la dépenſe de cette entrepriſe montent, ſuivant le compte en détail produit par la Dame Lamaigniere, à plus de cent quinze mille livres, & que la veuve Coche n'y eſt intereſſée que pour vingt-cinq mille ; & par une conſequence neceſſaire, il ſuit que les procedures faites par les Armateurs dans les differents Tribunaux de Quebec doivent avoir le même effet à l'égard même de la veuve Coche, que ſi elle y avoit donné un conſentement exprés & formel.

Ce n'eſt pas ſeulement ſur les procedures faites en l'Amirauté de Quebec que les Armateurs établiſſent la competence de cette Juriſdiction ; quand la cauſe ſeroit entiere, il leur ſeroit facile de prouver que c'eſt à ce Siege que l'on a dû porter la demande contre Desbois & Desroziers pour la reddition de leur compte, & que les empêchemens de la veuve Coche ne ſçauroient les en diſtraire.

C'eſt maxime tirée de la diſpoſition des Loix premiere & ſeconde au Code *ubi de rationiciis tam publicis quam privatis agi oportet*, que ceux qui ont geré les affaires d'autrui en doivent rendre compte dans le lieu où l'adminiſtration a eſté faite. *Eum qui aliena negotia, ſive ex tutelá, ſive ex quocumque alio titulo adminiſtra-vit, ubi hæc geſſit rationem oportet reddere :* & la raiſon qu'en donne le legiſlateur, c'eſt que dans le lieu de l'adminiſtration l'on peut trouver les inſtructions, les té-moignages & les éclairciſſemens neceſſaires pour regler le compte : *in quo & inſ-tructio ſufficiens, & nota teſtimonia, & veriſſima poſſunt documenta præſtari.*

Cette Loy & le motif du legiſlateur conviennent parfaitement à l'eſpece pré-ſente ; en effet, c'eſt à Quebec que Desbois & Desroziers ont fait la vente de la Carguaiſon du Héros, c'eſt dans ce lieu que l'on peut être inſtruit, ſi les comptes qu'ils en doivent rendre ſont ſinceres & fideles ; c'eſt donc à Quebec que le compte doit être rendu, & que les Comptables doivent être pourſuivis.

Les Armateurs ont éprouvé de quelle importance il eſt que les comptes ſoient rendus dans les lieux où les Negociations ont eſté faites ; les comptes de leurs Commis étoient remplis de fraude & de mauvaiſe foi ; s'ils avoient eſté pourſuivis en France, il leur auroit eſté impoſſible de découvrir leurs malverſations ; mais leurs comptes ayant eſté rendus à Quebec, où ils ont fait leur adminiſtration, l'on a découvert qu'ils y ont vendu une plus grande quantité de marchandiſes qu'ils n'en ont porté dans leurs comptes, & que c'eſt trés-fauſſement qu'ils ont prétendu que la Dame Lamaigniere n'avoit pas chargé toutes les marchandiſes contenües dans la facture : cette fraude a eſté prouvée par differentes pieces qui ont eſté pro-duites, & qui ont ſervi à leurs condamnations ; & par cet exemple tiré de la cauſe même, le Conſeil voit que ſi Desbois & Desroziers n'avoient pas encore rendu leurs comptes, ils ne pourroient ſe diſpenſer de les rendre à Quebec.

Les oppoſitions de la veuve Coche ne ſçauroient empêcher les pourſuites des Armateurs par deux raiſons.

La premiere, qu'étant intereſſée ſeulement pour 25000. liv. dans l'Armement, dont

dont la dépenſe monte à prés de 40000. écus, ſon ſentiment ne peut pas prévaloir à celui des autres Armateurs, & il faut au contraire qu'elle ſuive leurs reſolutions.

La ſeconde, que ſuivant l'acte paſſé le 7. Juillet 1713. entre la Dame Lamaignière & elle, il n'y a que la Dame Lamaigniere qui ſoit chargée de lui rendre compte, tant de la miſe hors & dépenſe de l'Armement, que de tout ſon produit, ſoit en vente de marchandiſes, priſes, fret, paſſage, ou autrement, de quelque maniere que ce ſoit ; Desbois & Desroziers ne ſont point engagez de lui rendre compte, au contraire ils ſont en termes exprés aſſujettis à ſuivre les ordres de la Dame Lamaigniere, & par conſequent comptables envers elle.

En vain la veuve Coche prétend que ſa demande qu'elle a formée en l'Amirauté de la Rochelle, contre la Dame Lamaigniere pour la reddition de ſon compte, eſt indiviſible de celle qu'elle a intentée en la même Amirauté contre Desbois & Deſroziers pour la reddition de leurs comptes ; il n'eſt rien de ſi diviſible & de ſi different que ces deux comptes : Desbois & Desroziers doivent rendre compte ſeulement de la vente & du produit de la Cargaiſon du Héros, & comme ce produit doit entrer dans le compte de la Dame Lamaigniere, leur compte doit être rendu par préalable, au lieu que le compte de la Dame de la Lamaigniere eſt un compte general de toute la dépenſe & de tout le produit de l'Armement : ainſi rien n'empêche que Desbois & Desroziers ſoient pourſuivis pour la reddition de leur compte particulier dans les Tribunaux de Quebec, & que la Dame Lamaigniere rende le ſien en l'Amirauté de la Rochelle ; l'on a même prouvé que quand les choſes ſeroient entieres, Desbois & Desroziers ne pourroient s'empêcher de rendre leur compte à Quebec, parce que c'eſt le lieu de leur geſtion, & où l'on peut être éclairci de la regularité ou de l'irregularité de leur conduite.

Les Armateurs finiront l'établiſſement de leurs moyens par rapport au Reglement de Juges par une réflexion importante ; l'on ne peut pas douter qu'ils ayent travaillé pour le bien de la ſocieté ; les recherches qu'ils ont faites de la conduite de leurs Commis, les preuves qu'ils ont recouvrées de leurs fraudes & de leurs malverſations, & les condamnations conſiderables qu'ils ont obtenuës en ſont un témoignage irreprochable. cependant la veuve Coche qui ſe dit leur aſſociée, non-ſeulement ne veut pas profiter de ces avantages, mais elle veut détruire tout ce qui a eſté fait ; ſi on l'en croit, il faut que Desbois & Desroziers rendent compte à l'Amirauté de la Rochelle, & que par ce moyen les Armateurs ſoient expoſez à de premieres appellations à l'Amirauté de Paris, & à de ſecondes au Parlement, c'eſt-à-dire à voir éterniſer cette affaire, & à laiſſer leurs effets en la poſſeſſion d'un homme en banqueroute & ſans aucuns biens : Eſt-ce là le procedé de la veuve Coche ? Eſt-ce celui de Desbois & de Desroziers ?

Pour ce qui regarde la demande particuliere de Deſbois au ſujet des dommages & interêts qu'il prétend lui être dûs à cauſe de ſon empriſonnement, il ſera facile aux Armateurs de s'en défendre.

Il faut d'abord obſerver que Deſbois fonde ſa demande ſur ce que ſon empriſonnement a été fait par attentat aux défenſes portées par les Lettres en Reglement de Juges ; mais comme les Armateurs à la Requeſte deſquels il a été empriſonné ne ſont ni compris, ni dénommés dans ces Lettres, les défenſes ne peuvent avoir d'application à eux, enſorte que l'on ne peut pas dire qu'ils ont contrevenu à ces défenſes ; & d'ailleurs les défenſes portées par les Lettres ne regardent que les procedures que l'on pourroit faire dans la ſuite dans les Amirautés de la Rochelle & de Quebec, & n'interdiſent point l'execution des Sentences renduës anterieurement à l'obtention des Lettres dans un temps libre & avant que le conflit eut été formé, ſur tout lorſque l'on voit qu'il n'eſt fait aucune mention de ces Sentences dans les Lettres.

Comme Deſbois a bien compris que ce premier moyen ne lui réüſſiroit pas, il en a ajoûté d'autres ; il a prétendu que les Syndics des Creanciers de la Dame de Lamaigniere à la Requeſte deſquels il a été empriſonné, ne repreſentent point les Armateurs en faveur deſquels les Sentences de l'Amirauté de Quebec ont été renduës, que l'Huiſſier porteur de pieces n'avoit qu'une copie collationnée des Sentences & du premier Commandement ; ce qui ne ſuffiſoit pas ;

ayant dû avoir en main la Groſſe des Sentences & l'Original du premier Commandement.

Il a été prouvé dans l'Inſtance par les clauſes des actes paſſés entre la Dame
de Lamaigniere & ſes Creanciers, que les Syndics nommés par le Contrat d'at-
termoyement & d'union du 21 Aouſt 1713. repreſentent les intereſſés dans l'Armement ainſi que les autres Creanciers, parce que leurs interêts ont été confon-
dus dans cet acte, avec cette précaution neanmoins que les intereſſés ou ceux qui
les ont repreſenté ont ſigné ſans préjudice de leurs privileges : & il eſt ſi certain
que les Armateurs au profit deſquels les Sentences de l'Amirauté de Quebec ont
été renduës, ſont repreſentés par les Syndics, que le ſieur Dalliveau qui a paru
dans le Contrat d'union n'a point ſigné pour les Creanciers particuliers de la Dame Lamaigniere, mais uniquement pour quelques-uns des Intereſſés en l'Armement, enſorte qu'ayant été nommé Syndic, il eſt ſans difficulté que ce n'a été
que pour l'interêt des Armateurs, & par conſequent l'empriſonnement de Deſbois
ayant été fait à ſa Requeſte, il eſt vrai de dire qu'il l'a été à la Requeſte des Intereſſés, de ceux en faveur deſquels les Sentences de l'Amirauté de Quebec ont
été renduës.

Pour ce qui concerne la validité des pieces dont l'Huiſſier étoit porteur, il n'y
a point de Loy qui ordonne qu'en pareil cas l'on repreſentera les Groſſes des Sentences & les Originaux des Commandemens, il ſuffit que la verité de ces pieces ſoit
certaine, & il eſt indifferent qu'elle ſoit prouvée, ou par des originaux, ou par
des collationnées ; l'on ajoûtera que quand Deſbois rapporteroit une Loy formelle
à ce ſujet, il faudroit admettre une exception en faveur de nos colonies dont les
actes & les procedures ne s'envoyent jamais en Original à cauſe des riſques de la
Mer ; l'uſage eſt de ſe ſervir de copies collationnées certifiées par l'Intendant du
lieu ; c'eſt dans cette forme que les pieces en vertu deſquelles Deſbois a été empriſonné ſont conçuës, elles ſont certifiées & légaliſées par M. Begon Intendant
de Quebec.

Les moyens des Armateurs ſont ſi juſtes & ſi ſenſibles, & le procedé de Deſbois,
Deſroziers, & la veuve Coche eſt ſi plein de mauvaiſe foi & de chicanne, que les
Armateurs attendent avec confiance un Arreſt qui leur adjugera leurs fins & con-
cluſions avec une condamnation ſolidaire de dépens.

Monſieur GOUJON DE GASVILLE, Rapporteur.

Meſſieurs {
LE PELLETIER,
D'ARGOUGES,
DE NOINTEL,
L'ABBE' BIGNON,
LE PELLETIER DES FORTS.
} Commiſſaires.

De l'Imprimerie de JEAN-FRANÇ. KNAPEN, ruë de la Huchette, à l'Ange.